ES MOYENS DE LA REVNION EN L'Eglife Catholique, par l'aduis des plus doctes Miniftres de la Religion pretendüe reformée.

A PARIS

Par Philippe du Pré Imprimeur & Librayre Iuré en l'Vniuerfité de Paris, demeurant rüe des Amendiers à la Verité

1597

AVEC PRIVILEGE DV ROY.

5

A MONSEIGNEVR REVERENDISSIME
& illustrissime

MONSEIGNEVR L'ARCHEVES-
que & Duc de Reims, premier Pair de France,
Legat né du Sainct Siege, Euesque de Nantes,
commendeur de l'ordre du saint Esprit, Con-
seiller d'estat de sa Majesté, & maistre de sa
Chappelle.

ONSEIGNEVR le desir que
i'ay de voir les desuoiés reünis en
la foy Catholique, en nostre mere
Saincte Eglise m'en faict recercher
tous les moyens qu'il m'est possible.
cela m'est imposé pour loy de dou-
ble necessité, qui men presse. La
premiere, que nostre Saint Pere me
l'à ainsi enjoinct; en me declarant
qu'il aura bien agreable, d'ouir dire que ie m'y emploie
tousiours dignement, pour maintenir la saincte foy Catho,
lique, & pour impugner les erreurs au contraire. L'autre
qu'ayant passé par les Labyrinthes d'erreur & sentant en
mon ame: la consolation que Dieu mà donnée apres qu'il
m'en à retiré : ie suis tenu de procurer autant qu'il m'est
possible, pareil bien à tous les autres. Ces deux causes qui
me meuuent sont grandes. Car quand le Sainct Pere com
mande, il faut obeyr , & la charité est vn souuerain magi-
strat de conscience: de laquelle Dieu est le grand Legisla-
teur. Autrement ce seroit vne grande misere, que ceux
qui errent: fussent abandonnez à leur erreur. Srinct Au-
gustin en son liure *de vnico baptismo*, en parle ainsi. *Nihil*
grauius errantem adeò deseri, vt se reuocare non possit. Et cer-
tainement ie ne puis mieux leur faire cognoistre l'amitié
& charité que ie leur porte. Car ie le dis comme ie le pen-
se, & l'escris comme ie le croy, qu'ils sont en vn piteux

eftat & en fin ils font miferables. Car le mefme Sainct Do-
cteur au premier de fes côfefsiôs, dit *Quid miferius mifero,
non miferante feipfum?* Ce que ie ne dy pas, pour les peines
ou ils fe precipitent: car il y à encore lieu de refipifcêce.
mais ie le dy pour les oprobrés qa'ils fe font a eux mefme.
comme Sainct Hierofme dit tref-bien *In epiftolis. Apud
chriftianos non qui patitur, fed qui facit contumeliam, mifer eft.*
S'ils penfent eftre offenfez, de ce que leurs erreurs leur
font remonftrées, ie les fupplie d'ouyr ce que fainct Augu-
ftin en dict. *In epifto. ad Marcellam. Non enim placet fenten-
tia Tullij, maximi authoris Romani eloquij: qui nullum vnquam
verbum. inquit, qued reuocaret emifit: quæ quidem laus, quamuis
præclariffima videatur: tamen eft credibilior de nimium fatuo,
quàm de perfecto fapiente.* D'ailleurs ie s'ay fort bien que
leur precepteur fingulier n'eft pas felon leur propre auis
vn ἀυτὸς ἔφα. Et peut encores moins prendre le tiltre de

׳, ׳ םצם   Car eux mefmes declarent que s'il à erré,
ce n'eft qu'vn homme non plus que les autres. Ie leur de
manderoye volontiers, s'ils peuuent faire plus feur voyage,
cheminans le mefme train qu'il leur à enfeigne? Mais ie
leur reprefente ycy, apertement le defadueu de beaucoup
de leurs docteurs principaux: qui declarent qn'elle feroit
leur opiniõ. C'eft engeneral, qu'il y à moyéde reuenir. Ie re
cognoy bien qu'il y à aufsi de la difficulté : qui pourroit
refulter de telles opinions . Mais le principal y eft au
moins, afçauoir qu'ils ne tiennent pas ce mal incurable.
& ne penfent nullement qu'il n'y ayt affez de moyens. cõ-
ment que foit, c'eft vne reigle de droit que *Acceſſorium fe-
quitur naturam fui principalis.* Or le principal en cette matie-
re, c'eft le falut de leurs ames. Ils difent tous , que hors
l'Eglife il ny à poinct de falut. (Diman.16.du grand Cathe-
chifme. (Ils aduouent que l'Eglife Romaine eft l'Eglife ancienne, qu'ils ont pretendue reformer & à l'oppofite fap-
pellent Eglife pretédue reformee.Il y en à donc vne, qui eft
Eglife encore qu'lle foit diformee, parlant felon eux auec
voftre permifsion,Monfeigneur.Et neantmoins,ils quittét
ce principal de leur falut: & courent apres les opinions
particulieres,qui ne font qu'acceffoires, mefmes fi elles e-

ſtoyent bonnes, au lieu que ce ſont des fantaſies imaginaires. Reſolument ils ne peuuent fonder vne nouuelle Egliſe. il ny à que Dieu ſeul, qui en ſoit le fondateur. Noſtre Seigneur Ieſus à fondé ſon Egliſe en la foy de ſaint Pierre, pour la ſubſtance de la doctrine: & en la perſonne meſme d'iceluy Saint Pierre, comme Prince des Apoſtres: pour la ſucceſſion de l'ordre Apoſtolique. qui (à parler correctement) eſt l'Egliſe. Et voyla pourquoy l'Egliſe eſt dicte vn ſtatut par toute la chreſtienté: & en tous les Royaumes & ſeigneuries. Or l'Egliſe eſt tellement vn eſtat qu'elle demeure eternellement. Car les portes d'enfer ne pourront iamais rien à l'encontre d'elle. Mat. 16. Cela eſt clair, & toutesfois leurs belles diſtinctions, ne leur ſauroient faire entendre quee 'eſt vne meſme fondation, de la doctrine & des Docteurs. Mais la difference eſt en la choſe en ſoy, & és perſonnes. Dieu leur face la grace d'y bien penſer. Ce que ie deſireroie ſingulierement ſeroit bien, que celuy qui à cet honneur de vous appartenir de ſi pres, Monſeigneur, denommé en la lettre que ie repreſéte: vouluſt vn peu deſploier ce bel eſprit pour faire entendre les moyens, qu'il ſait de reduire les Chreſtiens, à vne bonne concorde. I'eſtime qu'il fait ſi grand eſtat de l'honneur qu'il vous doit: que quand vous luy ferez entendre, combien l'Egliſe le cheriroit, combien il obligeroit toute la Chreſtient é: qu'elle gloire luy en reuiendroit pour en auoir memoire, à la poſterité: ie m'aſſure tant de la bonté de ſon courage & de la candeur de ſon eſprit, qui eſt autrement ſublime & excellent. qu'il ne vous refuſera vne telle demande. Car ie tiens que l'autheur à dict vray. & onteu quelques propos de cela en ſemble. Eſſaiez, Monſieur, permettez moy d'uſer de cette hardieſſe enuets vous: il ne vous en peut reuenir que beaucoup d'honneur enuers tous les gens de bien: & contentemét en vous meſmes . Cela ne pourra eſtre ſuiet au blaſme de la vaine gloire. dont dict ſaint Thomas 2. 2. qu. 132. Ar. 1. que c'eſt *peccatum mortale*. Car cete gloire n'eſt pas vaine, ny choſes vaines, & tend à Dieu, qui ſont les trois poincts oppoſites aux trois manieres, du peché mortel de vaine gloire: que ce ſaint perſonnage cotte la. En attendant ie vous ſupplie

A iij

prendre cette mienne, intention : de vous honorer & feruir de telle part que dece luy qui vons baife tref-humblement les mains : eftant.

MONSEIGNEVR.

Voftre tref-humble &
tref-affectione feruiteur
P. V. CAYER.

De Sainct Martin
des Chãps, à Paris
ce 25. Aouft 1597.

Fautes furuenues

f.6.l.4.lifez uans . f.11.l 13.lif.à tous pafteurs.f.12.l.10.li. par quelcũ.f. 13.l.5.lif.ils en reuienẽte f.17.l.13.lif.ancien de 1000.f.20.l.fiu.lif.qui d'ell'en hors.f.18.l.12.lif.en l'Eglife. f.18.l.14.lif.le baptefme f.22.l.10.lif.falut auec Dieu.f.15. l.1.lif.combattez.f.26.l.19.lif. guilty.f.28.l.20. lif.au martire.f.29.l.9.lif. preféance f. 29.l.21.lif.cerimonies.

Extraict du Priuilege du Roy.

PAR grace & priuilege special du Roy, il est permis à Pierre Victor Cayet, Lecteur ordinaire du Roy, aux langues Orientales, de faire imprimer & védre par tels imprimeurs & Libraires qu'il auisera bon estre, les obseruations par luy faictes sur lesdites langues Orientales, & és autres l'angues tant en Latin qu'en Françoys: & ce pour le terme de six ans, auec inhibitions & deffences a tous autres d'imprimer ny faire imprimer, de neuendre ny faire vendre desdites obseruations & autres dudict Cayet, sans son consentement, sur peine de confiscation desdits liures, & d'amende arbitraire comme plus aplain est contenu audict priuilege.

Donné à Paris le 15. iour de Iuin 1596. Par le Conseil   Dormy.

Et a ledict Cayet suyuant son priuilege, permis à Philippe du Pré Imprimeur & Libraire juré de l'Vniuersité de Paris, d'imprimer vn liuret intitulé Les Moyens de la reunion en l'Eglise Catholique, par l'auis des plus doctes ministres de la Religion pretédue reformée, aux códitions que dessus.

Extraict du Priuilege du Roy.

PAR grace & priuilege special du Roy, il est permis à Pierre Victor Cayet, Lecteur ordinaire du Roy, aux langues Orientales, de faire imprimer & védre par tels imprimeurs & Libraires qu'il auisera bon estre, les obseruations par luy faictes sur lesdites langues Orientales, & és autres l'angues tant en Latin qu'en Françoys: & ce pour le terme de six ans, auec inhibitions & deffences a tous autres d'imprimer ny faire imprimer, de nevendre ny faire vendre desdites obseruations & autres dudict Cayet, sans son consentement, sur peine de confiscation desdits liures, & d'amende arbitraire cómme plus aplain est contenu audict priuilege.

Donné à Paris le 15. iour de Iuin 1596. Par le Conseil   Dormy.

Et a ledict Cayet suyuant son priuilege, permis à Philippe du Pré Imprimeur & Libraire juré de l'Vniuersité de Paris, d'imprimer vn liuret intitulé Les Moyens de la reunion en l'Eglise Catholique, par l'auis des plus doctes ministres de la religion pretédue reformée, aux códitions que dessus.

A MESSIEVRS DE
la Religion pretendüe reformée.

ESSIEVRS, *vous saués la sentence qui dit,* Omne promissũ est de jure tenendum: modo nesit contra fidem ipsam, aut cõtra bonos mores. *Ie vous ay promis faire voir, la teneur d'vne lettre escrite à* Th. *de* BEZE *: par laquelle il appert euidemmēr, que ie ne suis point l'autheur du petit* AVIS, *que mont imputé vos* MINIStres. *Car le propre autheur, le declare sien manifestement. Ie veux donc vous tenir ma promesse, mais encore mieux, ie vous en represēte la copie apres l'original. Car pour en dire la teneur, faudroit faire beaucoup de discours: la cop-*

B

pie vous fera mieux cognoiſtre ce qui en eſt
tout au long.

Vous cognoiſtrés bien que ce ſtyle la n'eſt
pas de moy: toutesfois auparauant, pource
que poſſible pluſieurs de vous autres n'auroyent pas veu ledit Auis ny ma reſpõce à
iceluy: ioinct que ie le vous dediay deſlors:
ie ne feray difficulté, de le vous repreſenter
encore vne fois: meſmes ie croy, qu'il pourra ſeruir d'acheminement à vne reduction
generale de tous vous autres, & de vos
Miniſtres pretẽdus. Donques ſoudain que
j'eus publié ma petite lettre à vn Gentihõ-
me mien amy: incontinent dans trois iours,
ſortit cet Auis tel que ſenſuit. ſine die &
Conſule

Aduis ſur vn point de la lettre de Monſieur Cayet.

POVR nous deſcharger du blaſme, que nous donne. M. Cayet, de
nous eſtre ſeparés de l'Egliſe: nous

difons ce qui fenfuyt. Que nous n'auons iamais entendu, nous feparer & defunir d'a-
uec les autres membres de l'Eglife Catholi-
que:ains nous entédons garder inuiolable-
ment le lien de paix & de charité:puis que
tous, auons vn mefme fondement de falut:
mefme fymbole de foy, mefme vieil & nouueau Teftament, mefme Docteurs & Cõ-
ciles anciens, mefme Croyance au fonds, &
par confequent mefme Religion, & mefme
Eglife Chreftienne , Catholique ou vni-
uerfelle: à la diftinguer apres comme on
voudra, ou par Climats:comme d'orient
& Occident, ou par les villes Metropolitaines, Prouinces & nations, felon les de-
partemés du temps paffé:ou mefme par les
perfonnes particulieres, & indiuidus, cõme
dit Monfieur Cayet. Et y àbien à dire, de
fe feparer de la Catholique, ou ne commu-
nier pas auec vne Eglife particuliere. autre
chofe eft s'abftenir du feruice, qui fe dit en
certains lieux foubz proteftation d'y reue-

B ij

nir, quand le ſuiet du ſcandale ceſſera, (dõt
nous fuſmes appellés proteſtãs) & eſt autre
choſe ſe desbander, pour faire Egliſe & Religion àpart comme les Donatiſtes. Veuil-
lons ou non, par meſme porte, nous ſommes
entrés en meſme Egliſe: & cete porte c'eſt
le ſaint ſacrement de Bapteſme. Vueillons
ou non, ce dit le bon Pere Optat, nous ſõ-
mes freres, puiſque Dieu nous eſt Pere cõ-
mũ & l'Egliſe Mere cõmune. A vne teſte,
n'y à point deux corps, ſi ce n'eſt vn mõ-
ſtre. ſur vn fondement, on ne met pas deux
baſtimens: & le mariage Chreſtien, n'eſt
que d'vn ſeul mary à vne femme ſeule: fi-
gure de Ieſus-Chriſt auec l'Egliſe ſon eſ-
pouſe. Le diuers ſens d'aucuns paſſages de
l'Eſcriture, les diuerſes loix & polices Ec-
cleſiaſtiques, la diuerſité des ceremonies, la
diſpute des Theologiens, & l'animoſité des
Paſteurs: toutes ces choſes, dy ie, n'eſtabliſſẽt
point deux Egliſes Chreſtiẽnes. Auſſi toutes les fois, que l'Eueſque de Rome ſortãt

de son diocese, a voulu fulminer sur ceux
qui ne faisoyent à son plaisir: on ne s'est pas
pourtant tenu pour retranché de l'Eglise.
On luy à plusieurs fois, representé le mal de
l'Eglise Latine, comme au chef du premier
siege d'Occident: Et c'est la chanson de
ces siecles derniers, point de nouuelles d'o-
ster ce qui est supersticieux au seruice de
Dieu, & par un Concile legitime rámener
les choses a leur commencement: qui est ou
doibt estre la fin du Cõcile. Les gens d'esprit,
les bons Euesques de l'Eglise Gallicane,
sauent qu'il ne s'y faut attendre, & sauẽt
bien pourquoy. C'est donc d'eux cependant,
& soubz le bon plaisir du Roy: que nous
desirons & attendons ceste reformation: &
les en adiurons au nom du Dieu viuant
Ce n'est la premiere assemblée, Sinode ou
Concile national (& nous les cotterons,
quand on voudra) qui aura trayté des affaires de la foy. Or il n'est ycy questiõ, d'aucun article de foy : nous en sommes tous

B iij

bien d'accord graces à Dieu:nous ne demã-
dons chose aucune, qui n'ayt esté cydeuant
en vsage, ou requise par quelques gens sa-
uãã, de l'Eglise Romaine mesme. Sauoir est,
qu'attendant qu'il ayt pleu a Dieu disposer
les affaires de la Chrestienté: pour resoudre
en vn Concile general toutes les difficultés
& vuyder les differens suruenus en la religion: il plaise a Messieurs les Prelats &
Euesques de l'Eglise Gallicane en premier
lieu, d'ordonner que lon dira le seruice, en
lãgue entẽdue de tout le peuple:cõme beaucoup de Catholiques mesmes le souhaitent
iournellement afin : que nos femmes enfans & domestiques sachent ce qu'ils demã-
dent a Dieu, & puissent selon le dire de S.
Paul, respondre Amen, a ce qui se dit. Secõ-
dement, qu'en gardant tousiours l'honneur
deu à la memoire des saints : & en especial
à la sainte & bien-heureuse Vierge, neãt-
moins les prieres publiques de l'Eglise soyẽt
directement addressées a Dieu seul, comme

elles sont es plus anciennes Liturgies grec-
ques & Latines : laissant l'inuocation des
saincts, & la priere pour les trespassez à
la deuotion particuliere d'vn chacun : puis
qu'il n'y en a ny commandement ny exemple en l'escriture ny mesme d'vsage arresté
és premiers siecles de l'Eglise. Tiercement,
pour le regard du S. Sacrement de l'Autel,
que suiuant l'institution de nostre Seigneur
suyuie par ses Apostres, & pratiquee en
l'Eglise l'espace d'enuiron douze cents ans,
la Communion soit administree au peuple
Chrestien sous les deux especes : estant le
peuple enseigné d'adorer Iesus-Christ &
non le Sacrement : & de croire la presence
sans disputer de la maniere. Nous pro-
mettons en ce faisant, de passer par dessus
beaucoup d'autres scrupules & considerations ; & nous trouuer en mesmes assem-
blees, sous mesmes Pasteurs, pour seruir
vn mesme Dieu, d'vn mesme zele, intention & volonté, comme du cœur & de

l'interieur de nos ames, nous n'auons iamais esté des-vnis, quoy que die M. Cayer.
Que si l'approbation du Pape y fait besoin,
côme aucuns le soustiennent possible qu'a-
uec le temps & les remonstrances il s'en
rendra capable. Il s'est veu d'aussi grand
miracle en nostre temps. Ce pendant fai-
sons le principal. Le salut des ames & le
bien de l'Eglise Gallicane doit aller deuant
toutes autres considerations : & recognoist
on les bons Pasteurs, non seulement à la
bonne doctrine de foy, mais aussi à la droi-
te pratique de la charité : ne plus ne moins
que la vraye mere fut iugee : non celle qui
vouloit le sang & les pieces de l'enfant,
mais bien celle qui le vouloit entier & viuant. Nos demandes sont de tant plus re-
ceuables, qu'elles ne contredisent point à
la parolle de Dieu : & que ce n'est la premiere fois que l'on a touché à la liturgie de
l'Eglise pour y adiouster ou diminuer, ny
ayant presque Diocese en France qui

n'ait son Messel a part, & en quelque chose
different des autres . Les doctes sauêt bien
que la liturgie Gallicane, n'à pas tousiours
esté cõforme à la Romaine: celle de S. Gre-
goire à, esté en vsage fort long temps, puis
le Pape Nicolas, y en introduisit vne autre
enuirõ l'an 1579. En somme le nombre de
nos demandes est petit: mais nous esperons
que le fruit en sera grãd, puis qu'elles buttêt
à la gloire de Dieu , à la paix de l'Eglise:
au salut d'vn milliõ de pauures ames : que
nostre Seigneur à si cheremêt recomãdees
tous pasteurs : & dont il leur demandera
compte au dernier iour.

Augustinus contra Epistolam
fundamenti

Nemo nostrum dicat, se iam in-
uenisse veritatem: sic eam quæra-
mus, quasi ab vtrisque nesciatur.

C

Voyla Messieurs, le petit auis, dont est question, pour monstrer l'acquiescemēt que font les Ministres à madite lettre sur ma conuersion à l'Eglise Catholique Apostolique & Romaine, auquel Auis ie fis respōse: la vous addressant ainsi que s'ensuit.

A Messieurs de la religion pretédue reformee

Messieurs, ie vo⁹ represēte l'*Auis* dōné sur vn point de ma lettre: par quel-des vostres. Et me semble, estre vn de ceux qui sont professiō d'y auoir estudié. Ie vous addresse ma Remonstrance sur iceluy aduis: vous priant la prendre de bonne part. Et me faites cet hōneur de me croire, que ceux qui vous enseignent ont tort: car ils scauēt ce qu'à dit S. Irenee: Que iamais les pretentions, d'vne meilleure doctrine, n'apportent tant de bien : si mesme

elle estoit vraie, comme la diuisió fait
de ruine. De tout temps, il y a eu de tels
pretendans, qui ont pensé estre plus sçauans
que tous les Docteurs: voiés s'il vous plaist
à quoy desia ils en reuient par cet auis. Ils
approuuent toute la croyar e de l'Eglise
Romaine: ils recognoiss nt le S. Sacremét
de l'Autel : la vraie presence de nostre
Seigneur en iceluy , l'authorité du chef
d'Occident , qu'ils recognoissent estre le
Pape, ne refusent point sont son approbation : s'addressent aux Reuerendssimes,
Messieurs nos Euesques : promettent de se
reünir à l'Eglise: aduouent l'inuocation
des Saincts: & la priere pour les trespassez:
au lieu qu'en leurs confessions de foy pretẽ-
due; ils disoient & pretendoient maintenir
que ce sont idolatries & superstitions. Ie
vous puis asseurer, que plusieurs de vosdits
Ministres, se rangeroient les premiers eux
mesmes: si ce n'estoit la honte qui les retient,
& aussi qu'ils vous craignent. Faictes

C ij

mieux, vous mesmes les auez faicts tels qu'ils sont: car leur mission, n'est que populaire. Estans tels, quittez les, vous les aurez mis hors d'vne grande peine : dont ils ne sçauent comment sortir. Pour le moins ils promettent de se ranger. Ils protestent aussi de n'estre point separez de volonté : mais que c'est que pour le seruice fait en Latin. Pourquoy donc puis qu'ils n'en veulent qu'aux seruices: ne viennẽt ils aux sermõs, pourquoy font ils obseruer ceux qui y viẽnent? En fin puis qu'ils ne prennent qu'vn poinct de ma lettre : il s'ensuit, qu'ils sont d'accord des autres, protestant par eux, de reuenir aux seruices de l'Eglise, quand le sujet du scandale cessera. Neantmoins ils ne font, que trois ou quatre demandes au plus : dont vous verrez s'il vous plaist, ma remonstrance. Dieu leur face la grace de se biẽ recognoistre, & à vous tous Messieurs, d'estre bien tost reünis auec nous, en l'Eglise

à la gloire de noſtre Seigneur, & à voſtre
ſalut. Ie ſuis touſiours.

Voſtre tresaffectionné ſeruiteur
P. V. de Cayer.

A Paris ce 10. Ianuier 1596.

LA RESPONSE

A L'ADVIS

MESSIEVRS, qui donne-
roit blaſme, n'en ſeroit pas exẽpt
Voſtre confeſſiõ de foy, que pre-
tendeZ, condamne les abus de la
Papauté: ainſi parlez vous de l'Egliſe Catholique. Le traicté que vous aueZ de l'E-
gliſe, dit qu'il la faut fuyr, comme vne ville
peſtiferee. Ie ne vous ay donc point donné
blaſme, mais vous meſmes le vous donnez.
Vous entendeZ vn autre ſens, ſoubZ ces
mots de membre, & de Catholique:
comme pour ne recognoiſtre le chef: & ne

C iij

vouloir prendre la Romaine pour Catholique. Vo° distinguez toutesfois la Catholique, en Orient & Occident:ce sont les genres. Et puis les Metropolitaines, & Prouinces sont les especes, que vous m'accordez, que ie demandoye. Vous adioustez les indiuidus, posons les encores : combien que ie ne l'ay pas dit. Vous les prenez subtilement, de ce mot, localement prise que i'ay mis, parlant de Rome. Car de fait, quelque lieu est vn indiuidu de l'vniuers. Par consequent l'Eglise Romaine localement prise, est vn indiuidu de l'Eglise Catholique. Ie ne nie pas cela, mais respondez s'il vous plaist aux differences, & à ce qui leur est de propre. Si c'est la mesme Eglise, en laquelle vous estes ; que celle en laquelle est le Catholique Romain:pourquoy vous en departez vous? le propre de Rome, est dit le S. siege de S. Pierre:le propre de S. Pierre est de paistre les brebis & les agneaux:& ensemble d'auoir les clefs du Royaume. Si

vous recognoissez le mesme fondemēt, pour
quoy ne faites vo' ce mesme bastimēt? S'il y
a mesme escriture, pourquoy n'en auez vo'
le mesme sens? Si c'est le testament vieil &
nouueau, que ne chantez vous le Cantique
de Moyse & de l'agneau coniointement:
prenant les cerimonies substātielles. Si nous
auons les mesmes Docteurs, que n'estes
vous mesmes disciples? Bref s'il y a mesme
& pareille auctorité des Conciles: pourquoy
ny serez vous suiects? ou en prenez vous
l'ancienneté? on prend subtilement vieux
de 500. ancien de 100. antique de 1500. selon
les curieux, prenez tel pied que vous voudrez. Ceux des Conciles, que vous amenez
vous condamnent. On le vous monstrera,
si vous voulez. C'est confondre les termes,
de prendre particulierement, ce qui est dict
en general. Rome est Catholique, comme
dit S. Cyprian, non pour l'enclos de ses murailles, ny pour la force de son Empire an-
ciē: mais pour la foy qui d'elle en sors, & par

elle est annoncee par tout le monde : tout
ainſi que la parole ſortoit de Syon, & la
loy eſtoit ordonnee de Ieruſalem. C'eſt eſtre
vray Donatiſte, de diuiſer l'Afrique de
l'Europe, Donatus fiſt ceſte diuiſion. C'eſt
eſtre plus que vray Donatiſte, de diuiſer la
Frãce de la Frãce : vous l'auez ainſi diui-
ſee, meſme voſtre pretendue religion eſt non
ſeulement differente : mais du tout diuerſe,
mais totalement contraire. La plus part de
vous eſtes entrez voiremẽt, par le bapteſmé
en l'egliſe : ceux qui auez de l'aage au moins,
mais vo'en eſtes ſortis par anatheme. Le Ba-
ptheme eſt le grãd chemin Royal, & la belle
porte du Tẽple de Dieu, mais vous l'auez
deſguiſee en vne vieille poterne. Diſõs tout
ce que nous vouldrons, dit S. Auguſtin, nul
n'aura Dieu au Ciel pour pere : qui n'aurá
re cognu en terre, l'Egliſe pour mere. Et ce
ſõt enfãs desbauchez, ceux qui s'en ſeparẽt.
Nous y auons vn meſme chef, & ne ſommes qu'vn meſme corps. Il y a vne meſme

Guillaume le conquerant, en sa langue Françoyse. Qui doute, que changeant les offices diuins en vulgaire: il ne s'en ensuiue vn mespris estrange de toute pieté? & que chascun n'en voudroict dire ni faire qu'à sa fantaisie? Mais pourquoy les Euangelistes, nous ont ils raporté Emanuel, qui est interpreté Dieu auec nous. Thalita Kumi, fille leue toy. Hephatha, adaperire: retenu en l'Exorcisme spirituel du sainct Baptesme, pour ouurir nos esprits d'eux mesmes enserrez en ignorance: les ouurir, dy-ie, à l'intelligence de nostre regeneratiõ spirituelle. Pourquoy ont ils mis, Eli, Eli, Lamasabathani? car ils escriuent Grec: Et ces mots sont Syriaques & Hebraiques. Voyés vous pas l'absurdité? Que si pour n'entendre pas le langage, cõme vous dites, les seruices sont inutiles, a plus forte raison, les prieres qu'on fait pour les malades & absens, sont inutiles: car ils n'en entendent rien: mais il suffit que le peuple

E

y aporte sa deuotion. comme il est dict aussi en sainct Luc ch. 1. tandis que Zacharie, pere de sainct Iean Baptiste prioit: que le peuple estoit la priant & attendant. Le sainct Pere gardera aussi la litanie des anciens docteurs de l'Eglise: qui depuis que l'humaine nature a esté glorifiée en nostre Seigneur: ont recogneu és personnes des Saincts, & en leurs precieuses reliques, apres leur deces, la veneration des dons de Dieu, & de leurs operations miraculeuses, par leurs intercessions & merites. En fin quel zele vous tient si grand, de vous estre martyrs? car ie croy, que c'est pour estre baptizez, de mesme baptesme que nostre Seigneur, en vostre propre sang, que vous desirez de boire le calice mesme du sang de nostre Seigneur. Ie d'y cecy, pource que le plus fort argument, que vous ayés pour le calice, est de se preparer du Martyre par ce moyen. Mes amis, contentons nous d'estre bons confesseurs. Ne soyons point si

ialoux des supplices. Qui enuie le supplice, a
perdu la grace du martyre. Il faut que les
tesmoings, soyёt produit, & nõ pas qu'ils se
presentent. Au reste, en faisant & procu-
rant le salut de l'vniuers, par la solicitude
Apostolique, du sainct Pere, l'Eglise Gallicane y sera comprise necessairement. Veu
qu'elle tient comme le droict d'ainesse, &
en à la presence. Estant le Roy tres-chrestiё
nostre sire honorédu tiltre de la primogeni-
ture en l'Eglise. entre les Roys Chrestiens.
Briefla liturgie à esté si saintemёt reformée,
de tёps à tёps, que ny les Musarabes, ny les
Grecs, ny les Latins n'ont aucune occasion
de se plaindre, mais plustost ceux qui en
auoyent fait la clameur, en ont eu contё-
tement. Et si quelques offices estoyent de
telle vetusté comme de deux cens ans, l'op-
tion leur en est demeuree, de prendre cet auis
ou maintenir leur vsage. Ainsi sont les
vieilles cerimtnies Ambrosianes, demeurees
á Milan, & les antiques de sainct Basile

E ij

& autres en la Grece, sans autre change-
ment. Et n'y à iamais eu pour tel suiet, di-
uision quelconque de ce bon Pere d'auec ses
enfans Quant aux prieres pour les morts,
nous voyons cõme l'Ecclesiastique priemes-
mes pour les os des Prophetes. Brief si c'est
bien faict, de prier pour les morts par deuotion particuliere : il ne pourra estre
mauuais d'en vser en public. Pour conclur-
re, les demandes qu'on faict doyuent non
seulement estre proposees d'vn bon Zele: &
d'vn cœur simple & innocent: mais aussi
doyuent estre discernees auec science : &
basties sur vn bon fondement.

D. August. de Agone Christiano.

Qui occultat veritatem, & qui pro-
dit mendacium, vterque reus est: hic,
quia non vult prodesse, iste, quia
nocere desiderat.

Vous voyez, Messieurs, la responce que
ie fis promptement a cet Auis. quelle apparence y auroit il que i'eusse faict ledit Auis?

A la verité ils sont accorts en leurs en-
treprises: & en vienēt about bien souuēt par
telles subtilitez, ou pour le moins ils parēt
aux coups plus ayseement. Ils verifient ce
qui a esté dict par nostre Seigneur, que les
enfans de tenebres, sont plus auisez eu leur
generation que non pas les enfans de la lu-
miere. Tant y a que c'est tromperie de dire
que ie me trompe, d'auoir mis ce petit Auis
aux champs, pour les mettre en garbuge,
les vns auec les autres entre eux mesmes.
Ja n'auienne, que iamais ie tombe en cet
inconuenient. Ie sçay que ce n'est pas ainsi,
que le Royaume de Dieu s'aduāce. Voyci
donc la coppie de la lettre escrite a de Beze,
par l'autheur dudit Auis : comme on void
par la lecture, monstrant que Montigny
en a eu auec luy des prises: & que plusieurs
qui trempent en telles opinions, luy en ont
communiqué si auant, qu'il a falu que cete
lettre en soit sortie, pour son excuse. Or cōme i'ay dit sās le cognoistre, qu'il meritoie

quelque louäge:auſſi ne veuxienullemēt luy
mettre ſus aucun blaſme,de la diſſimulatiõ
ou deſguyſement des autres: ains apreſent,
que ie ſay, qui il eſt, i'eſpere qu'il ne trou-
uerra mauuais,que ladicte coppie de ſa lettre ſe voye de tout le monde, pour le bien
de la reconciliation: veu qu'il monſtre a-
uoir cete intention & deſir, afin que ce qui
eſt venu de luy, ne ſoit poinct attribué a
d'autres, Cum bonis viris bene agier
oportet,

COPPIE

A MONSIEVR
DE BEZE.

MONSIEVR, ie suis prié par mes amis de vous dôner encor plus particuliere satisfaction, touchât ce petit Aduis à Cayer: auquel il se fait quelque ouuerture à nostre reconciliation: d'autant que vous m'en iugez l'autheur, & que d'ailleurs vous trouuez ceste ouuerture fort mauuaise. Pour le premier, il n'est pas raisonnable de me faire seul autheur, de chose qui a esté pub iée il y a plus de dix ans, en termes peu differens, comme i'ay fait voir à M. de Montigny, bien auouerayie, que depuis 7. ou 8. ans, que i'ay voulu scauoir le suiet de nos differens : & que i'en ay conferé auec le sieur de Villiers Loyselier, & douze ou quinze autres des

plus doctes Ministres Fraçois, pour la
p'us part:i'ay tiouué que nos differens
n'estoyét pas irrecóciliables, que nostre mal n'estoit point sans remede.
Comme aussi M. Caluin est de ceste
opinion, en son traicté *de la necessité
de reformer l'Eglise* : en la page 137. & se
fasche fort contre ceux qui sont de
contraire aduis. Sur ce ie cófesse m'e-
stre estudié de cercher, quelque gue-
rison à ce mal : & particulierement
pour nostre pauure France : essayant
par mesme moyen de leuer aux Catholiques, l'opinion qu'ils ont que
nous sommes opiniastres & mal trai-
tables. Ie ne veux point de meilleur
tesmoing que vous, quand par le có-
mandement d'vn grand, & par l'aduis
de feu M. de Reau, ie vous en parlay,
il y a tantost 4. ans, & depuis vous en
ay escrit, vous suppliant au nom de
Dieu, & pour le bien & repos de l'

France, à laquelle vous auez vne obli-
gation si estroite, d'y apporter ce que
Dieu vous auroit donné de scauoir
& dexterité. Mais ie diray librement,
que ie vous ay tousiours trouué fort
contraire à ce desseing, disant qu'il
le falloit fermer & arrester a cequi
auoit esté receu en *France* il y a enuiron 40. ans, par l'aduis des Ministres d'alors, & par l'authorité des
chefs de nostre party (comme il se
voit par vostre lettre du 27. Aoust
1593.) Toutesfois s'il vous souuient,
ie n'auoye touché que le fait des ceremonies, & du gouuernement Ecclesiastique: qui sont choses suiettes a
correction & changemét, par les cir-
constances des temps des lieux & des
personnes, comme ie l'ay appris de
vous mesmes, en l'vne de vos Epistres
qui est l'Epistre 20. disant. *Quid autem*
cui loco & tempori, quibus deniq; perso-

nis, conueniat , prudentis est hominis dif-
cernere: modo disciplina ipsa , ad verbi di-
uini normam exigatur. Or que ceste maladie n'est pas incurable, outre ce que
i'en ay appris de tant de gens scauans:
I'ay leu entre les autres escrits de Luther, vn sien traicté : non imprimé
que ie scache, intitulé *Quid nos côcede-*
re vel non concedere possimus . I'ay leu
dans Sleidan, ce qui s'est passé au cô-
mencement de la reformation . I'ay
couru la plus part des escrits de
Zuingle, Bucer, Melanthon & autres.
Ie voy qu'au premier Colloque de
Ratisbonne, en l'an 1541. auquel ces
bons personnages Melanthon & Bucer estoient deputez : & Caluin fut
present, d'vne vingtaine d'articles cô-
tenus au liuret que leur presenta l'Em-
pereur : ils en passerent dix ou douze.
Et sans l'artifice du Legat Contarein,
qui rompit l'assemblée , l'on en pou-

uoit esperer du fruit d'auantage. Vo°
scauez, Monsieur, de quels poincts on
tõba d'accord, au Colloque de Poissy:
& par semblable artifice, comme on
dit, ceste conference demeura sans effet. Personne n'en peut mieux parler
que vous. Ledit sieur de Villiers en
quelques Theses qu'il publia *de l'E-*
glise, *de la predestination du liberal*
arbitre, &c. en coucha les resolutions,
& les maximes en tels termes, que les
vns & les autres ne faisoient difficulté
d'y souscrire. *lib. de lib. arb. in Præfat. ad*
Vandermil. Et cela seruoit deschantil-
lon pour monstrer qu'en la plus part
de nos disputes, *verbis magis*, comme
il disoit, *quàm reipsa dissentimus.* Ie ne
dy pas, qu'il n'y en ait aucunes ou nous
sommes appointez contraires : mais
plus le mal est grãd, plus a-il besoin
de bon medecin, tel que vous estes,
& tel que ie ne suis pas. Au commé-

cement de ces troubles derniers, le Roy escriuāt au feu Roy, aux Estats, a la Sorbōne, demāde ynCōcile natio-nal composé de Theologiens d'vne part & d'autre : auquel ce qu'il faut des-ormais croire & tenir, soit resolu. Et M. du Plessis en quelque endroit, dit scauoir-vn expedient pour nous mettre tous d'accord. Et à la mienne volonté, que cest excellent homme ne nous le voulust enuier plus lon-guement. Mais c'est bien signe que la reformation de Geneue, n'est pas vn modele pour toutes les Eglises : com-me vous le recognoissez tres-bien en la mesme Epistre 20. disant : *Quàm enim perniciosum sit, ad vnius Ecclesiæ quæcunq; tandem illa sit, exemplum cæte-ras componere vel etiam cogere : satis su-perque docet vel vna Ecclesiæ Romanæ tyrannis.* Or que ceste maladie n'est pas desesperée, cōme i'ay dit, il y par-

roift par le vœu & par l'effet de tant de
bons *Princes*, & de tant de gens fcauás
de noftre temps. Il y a enuiron 31. ans,
que par le commandement de l'Em-
pereur Ferdinand, fuiuy d'vne fecon-
de iuffion de Maximiliã fon fils, Caf-
fander en publia quelques moyens,
que l'on goufte auiourd'huy plus que
l'on ne faifoit alors : autres y ont fait
pareil effort, prefque auec pareil effet.
Car il leur en eft reüffi, comme à ceux
qui veulent appoincter des gens qui
font par trop en cholere. Si ne vou-
drois-ie blafmer leur bon zele & volonté. Et c'eft pour venir à l'autre
chef de voftre plainte, que cefte
ouuerture de reünion mife en auant,
par l'autheur du petit Aduis, n'eft
pas receuable. Car fon deffein eft à
louer, ce me femble : quand bien il
n'auroit trouué le remede conuenable.
ble. C'eft toufiours pour induire les

autres à faire mieux. Car comme, ie
diſois en ma precedente, ou vous iugez le mal ſans remede, & en ce cas
M. Caluin & mille autres vous ſont
contraires : ou vous iugez qu'il ſe
peut guarir : mais que les remedes
qu'on y a apportez iuſqu'icy empirét
le mal : pluſtoſt que le guarir,& en ce
cas, qui mieux que vous, & qui plu-
toſt que vous, y doit mettre la main?
Ie ſcay bien ce qu'on a accouſtumé de
repartir à cecy. C'eſt que les Preſtres
& la Sorbonne, ne deſmordront iamais rien, & qu'ils prennent l'auantage ſur ce qué nous quittons. A quoy
ie reſpond , qu'ils ne ſont pas tous
d'humeur ſemblable , ny de meſme
aduis : & y à des Eueſques ſcauans &
moderez. Qui ſcait, quád nous ferons
partie du chemin,s'ils ne feront point
l'autre? Au moins faiſons nos offres,
mettons le tort de leur coſté. Ie ne

parle point de la doctrine maintenãt:
mais ie ſcay que iamais ils ne s'accom-
moderont à noſtre diſcipline. Si vous
dictes, qu'il les faut donc laiſſer la:
nous manquons donc de charité. M.
pardonnez moy ſi i'en parle de la fa-
çon: l'indiſcretion & animoſité d'aucuns des noſtres me fait tenir ce langage: & voudroie que par vn eſcrit public, vo⁹ les en repriſſiez aigre-
ment. Leur plus beau mot eſt, qu'il
faut eſtre ou tout vn, ou tout autre.
Mais moy i'ay touſiours ouy dire, que
les fols courent aux extremitez. Au
commencement, & par l'eſpace de
plus de 40. ans, l'on ne parloit que de
reformer l'Egliſe, maintenant on dit
qu'il nous faut vne Egliſe à part. Iamais
Caluin n'a dit, ou bien il s'eſt contredit, que l'Egliſe Romaine ne fuſt
point Egliſe, moins encore *Bucer*, &
Melanthon. Ceux qui ſont venus de-

puis, sont allez par-delà l'intention de ces premiers, non seulement en ce point, mais en plusieurs autres. Certes Caluin luy mesme à craint, & predit, que telle chose arriueroit: comme il vous escrit en ces mots. *Vna in re insiste re oportet, vt fidelibus tolerabilis sit libertas. seuerè tamen obiurgandus erit eorum feruor, qui metas transiliunt: ac de eo frenando, consultandum vobis erit, ac nisi eorum intemperantiam compescat Deus, omnia peßundabunt. Caluinus ad Bezam epistola 324.* C'estoit vn peu deuant les premiers troubles. Iamais Caluin n'a dit, que l'Eglise Romaine fust sans sacremens, mais bien qu'ils estoyent gastez & deprauez. Aussi ne se peut entendre l'Eglise sans sacremens, non plus que les sacremens sans l'Eglise. Et y a bié a dire, entre estre vicié & corrōpu, comme Caluin à dit, ou n'estre point du tout, cóme ses disciples ont depuis souftenu on ne reforme point ce qui n'eft point : car fans parler du baptefme, dont on eft a peu pres d'accord, voicy les paroles de Caluin, touchant l'autre facrement. *Res ipfa loquitur, facramentum illud a nobis effe reftitutū integritati fuæ, cum tot modis corruptum ante pollutumq; effet.* Calui epift. 395. il ne dit pas, *cùm ante nullum effet.* Iamais Caluin n'a dit, ou bien il s'eft contredit que l'eglife Romaine fuft fans pafteurs bons ou mauuais, que mefme il leur accorde la vocation & miniftere ordinaire : *& reuera,* dit-il, *cogimur fateri penes eos effe ordinarium minifterium.* Caluin fur le 13. chap. d'Ezechiel verf. 9. Voire que faifans leurs charges comme il faut, ils n'auroyent befoing de nouuelle ordination. Et entéd que celle des. miniftres, au moins des premiers, cóme ie croy, eft extraordinaire. Caluin epift. 130.

G

cõme fut celle des prophetes, quãd les
prestres & pasteurs ordinaires de l'E-
glise d'Israël ne faisoyent leur deuoir.
*At que omniõ, dit-il, extraordinariũ fuit
hoc munus quod Dominus nobis iniunxit,
dum operâ nostrâ ad colligendas Ecclesias
vsus est.* Caluin epist. 190. Les disciples
des ces premiers ont franchy le sault,
ayans osté entant qu'en eux est aux
Catholiques, & l'Eglise auec ses marques, & les sacremens & le ministe-
re. Et par vne sotte antithese de nostre *Eglise* à la leur, sans y penser ont
forgé deux Eglises chrestiénes: & ren-
uersé les fondemens de nostre religiõ.
Mesmes il se r'imprima l'autre iour
vn liuret composé durant les premiers
troubles. *Que la religion reformée est plus
ancienne que la Catholique.* I'en ay ouy
de si impudens qui soustenoyent qu'il
n'y auoit point eu d'Eglise visible depuis Phocas. autres enfermoyent l'e-

glife dans l'enceinte des murailles de
Geneue : ou parmy ceux tant feule-
ment qui s'y conforment en doctrine & difcipline:& par ainfi nous met-
tent en mauuais mefnage auec les
Eglifes d'Angleterre, de Danemark,
Suede, Saxe & autres reformées : outre qu'ils nous enueloppent fans y pé-
fer en beaucoup de côtradictions, ab-
furditez & inconueniés. Car ores que
ce foleil n'auroit en fi longtemps ietté fes rayons fur l'Europe : fi a il pu
luire ailleurs ce pédât, ne fuft ce que
chez les Abyffins qui font,comme on
dit, 24. Royaumes chreftiens. Et puis,
ou auons nous prefques tous receu
noftre baptefme? Quand bien noftre mere feroit de mauuaife vie : fi ne
nous eft-il loifible d'en mal parler)i'en
ay leu vn beau trait de S. Hierofme
*Hier: ad Lucifer dialogo extremo Si in
finu meo natus, fi vberum meorum lacte*

nutritus aduersum me gladium leuas : red-
de quod dedi : & esto si potes aliter christia-
nus. Meretrix sum, sed mater tua sum : si
non seruo thori vnius castitatem, talis erã
quando conceptus es. L'vn des fils de
Noë fut blasmé, fut maudit : pour
n'auoir couuert la honte de son pere.
Non tam pius est qui facit, quàm impius
qui non facit. Tant nous auons d'obli-
gatiòn en cecy. Autres i'ay veu qui
asseuroient que Dieu vouloit perdre
l'Eglise Romaine, & non la reformer :
estant si impudens, que d'alleguer vostre authorité : du 7. poinct de vostre
cõfessiõ art. 12. ou vous dites que c'est
deuoir de tous fidelles, non de reformer mais de destruire & abolir. Beze
en sa confession 7. points art. 12. Mais
ie croy que vous les des-auouërez. Et
de ceste opinion sont venus ces beaux
mots *d'infideles & mescreans.* Car pour
tels on a tenu les Catholiques : com-

me à tels, aucuns ont iugé qu’il falloit
faire la guerre, comme de tels, on a
deſmoly les temples, & raſé les plus
beaux edifices de quelques villes. Et à
ce propos me ſouuient auoir autres-
fois ouy preſcher à quelqu’vn qu’il
falloit abbatre les hauts lieux. ie croy
que le bon Dieu a pardonné ces folies
à nos deuanciers : deſquels nous qui
reſtons portons encore le peché, &
faiſons la penitence tous les iours: &
la ferons, aſſeurez vous, tant que nous
ayons repris la piſte des Apoſtres, en
la predication, non de la foy toute ſeule, mais bien de la foy & de la charité
tout enſemble. Le bon Zuingle diſoit,
que la Charité eſtoit vne des marques
plus certaines de la vraye Religion,
Zuingl. de vera & falſa Religione, puis il
adiouſte: *Vita chriſtiana, quid in vniuer-
ſum eſt niſi charitas? quidan? non charitas
& contentio ex diametro inter ſe pugnãt?*

il y en a mille beaux paſſages, dans les
Peres , & particulierement en S. Auguſtin,& enOptat contre les Donatiſtes. Cecy toutesfois ne ſoit dit pour
vous, Monſieur ; de qui nous s'auons
& nous promettõs choſes meilleures.
ie vien maintenant à ce petit Aduis,
que nous eſplucherons vn peu, ſi vous
auez le loiſir. i'en cognoy l'autheur: il
ne me deſ-auouera de la peine que ie
prendray pour luy. ie ne voudrois
toutefois faillir,en excuſant ſes fautes,
il me pardonnera ſi ie luy dis tout frã-
chement, qu'il ne deuoit dire au nom
de tous, ce qu'il n'eſtoit aſſeuré qu'aucun affermeroit.il ne deuoit auſſi ſans
charge faire la charge qui ne luy ap-
partient: ſinon qu'il a veu que perſonne ne met la main à cet œuure tant
ſainct & tant neceſſaire. Car en ce cas,
la nonchallance des Paſteurs, & ſon
zele l'excuſeroient . Et de cecy il s'en

void aſſez d'exemples en l'Egliſe ancienne, & particulierement au Concile de Nice. *Soctates 4. c. 32. Sozomen. 6.
c. 36. 37. Euſeb. 6. c. 19. Act. Apoſt.
c. 13.* Comme à la verité, ie croy qu'il
ny' à eſté pouſſé que d'vn bon zele. Et
ce bõ zele qu'il a eu de fermer la bou-
che à ceux qui diſent que nous ſommes ſortis de l'Egliſe, l'à luy meſme
mis au hazard d'en eſtre ietté hors par
les eſpaules, tant il a eſté mal mené des
vns & des autres, fors que des gés moderez & iudicieux de nos Parlemens,
& dailleurs, qui luy ont fait aſſez bon
accueil. Or ie croy, que vous ne trouuez mauuais, que nous nous diſions
tous membres de l'Egliſe Chreſtienne
& Catholique, auec ceux qui ont meſme fõdemét de religion. Caluin en ce
meſme eſcrit, de la neceſſité de reformer l'Egliſe, ne dy pas que les Papiſtes
no⁹ ayons deux Religions differentes:

mais bié que laReligiõeſtoitdeprauée,
& le ſeruice de Dieu pɛruerty. Auſſi
n'eſt-ce que la diuerſité des creances,
qui eſtablit la diuerſité des Religions.
On ne ſe doit, & ne peut on figurer,
qu'vne Religion Chreſtienne en vne
ɛgliſe Catholique ; puis qu'il n'y a
qu'vn meſme fondement, vn meſme
Symbole, vnBapteſme, vn Ieſus Chriſt.
Bucer en ſon epiſtre à l'Eueſque d'A-
uranche dit tres-bien, *Eundem vtrin-
que chriſtũ inuocamus. nos ſanè nec à vobis
nec ab aliis Ortodoxis vlla ex parte receſſi-
mus, in iis quæ Chriſti sũt: vita modo & la-
bes declinare ſtudemus.* Car à vray dire,
& quand on y à bien penſé, ce ne ſont
ne les chandelles, ne l'eau beneiſte,
ne les orgues, ny les veſtemens des
preſtres, ne les ornemens des temples,
moins encore le ſigne de la Croix, ou
l'image du Crucifix & choſes ſembla-
bles, qui nous tiennent ſeparez d'auec

eux. L'Eglife d'Angleterre en a retenu les vnes, & la plufpart font en vfa-
ge quafi de tout temps. Mefme pour
le regard de la mixtion de l'eau au vin-
Caluin fe fafche. epift. 259. que l'on
l'ait mife en difpute. *Quorfum*, dit-il,
de mixtione aquæ & vini in facra Cœna
difputatio moueri debuerit, non video. Ce
n'eft pas auffi la hierarchie de l'Eglife:
les Anglois l'ont retenuë, ny la vie des
preftres: Cefte plainte eft de tous fie-
cles. Tout cecy & pour d'autres cho-
fes que nous leur reprochós, n'eftoyét
baftantes pour nous def-vnir, & faire
corps à part, pour nous faire quitter
fi fouuent les biens & la patrie, ou ex-
pofer nos vies au fupplice. Moins encore pour prendre les armes & nous
affommer les vns les autres : comme
encore ie fcay, qu'il y en a à qui les
mains demangent & qui ne cerchent
qu'vne querelle d'Aleman, pour nous

H

remetrre plus auant en nos malheurs.
Ie m'en r'apporte à la consultation
qu'on vous en a faite depuis peu de
moys, *Afriuolis quibusdam & leuicu-*
lis ceremoniis longè distant aliæ in qui-
bus apparet crassa & manifesta impietas,
ce dit Caluin. Epistre 265. Car c'est à
ses amis & familiers, qu'il en parle pl⁹
rondement. Ie trouue donc que les
causes les plus iustes & veritables de
nostre separation, se peuuent reduire
à ces trois chefs: *de l'inuocation des*
saincts, de la priere pour les morts, &
de l'adoration du Sacrement, d'autant
qu'à mon aduis & en ma conscience,
elles derogent à l'honneur de Dieu &
sont sans exemple, & sans comman-
demét aux liures Canoniques du vieil
& nouueau testament. Si donc ces
trois choses estoyent retranchées de
la liturgie de l'eglise, & que le peuple
fust enseigné de s'en deporter, le sur-

plus s'esuanouyroit par vn mesme moyen. Car de l'inuocatiõ des sainɗs depend la veneration des images, les reliques, les pelerinages. Qu'on oste la priere pour les morts, (ie ne dy pas la commemoration) que deuiendra la question du purgatoire, le sacrifice expiatoire pour les trespassez , & la pluspart de messes priuées? Car comme disoit Luther *lib. quid nos comedere possimus. Missa ferè tantùm pro mortuis vsurpatur, cum tamen christus sacramentum tantũ pro viuis instituerit.* Et pour le regard du sacrement de la saincte Cene (que les anciens appelloyent sacrement de l'autel) si le peuple est enseigné, d'y adorer *Iesus*-Christ, & nõ le sacrement, ou le pain, ou l'hostie, le signe, l'espece ou l'eucharistie, si l'vsage du calice est restably tant pour les laics que pour les *prestres*. C'est à dire, la Communion entiere (com-

me elle estoit au temps de l'Apostre.
Ne voyla pas sans y penser le sacrifice
remis en la premiere nature & condi-
tion de sacrement ? comme peu à peu
de sacrement, on auoit sait vn sacrifice, sans nous arrester toutesfois à
chiquaner sur ce mot de sacrifice.
Caluin epistre *396.* duquel sainct Cyprian & tous les anciens, ont vsé com-
aussi quelquefois des noms de colle-
cte, synaxe, Messe, ou Eucharistie. Car
de fõder vn proces sur ces synonvmes,
comme ont fait quelques vns, il n'y a
point d'apparence, d'autant mesmes
que les Bohemiens, Luther, la confession d'Ausbourg, & noz deputez à
Ratisbone, ont retenu le nõ de Messe, & en vse l'on, encore auiourd'huy
en plusieurs eglises reformees d'Ale-
magne, m'asseurant que vous n'estes
de l'aduis de celuy, qui publiant les
raisons de nostre separation couche

ceste cy pour la premiere, à sçauoir
que le mot de Messe n'est point en l'e-
uangile. Cu reste, il se void encore vn
linret imprimé par-delà du temps de
Farel, enuiron l'an 1537. ou les Curez
de France sont priez de dire la Messe
en François, & la reformer à la reigle
de l'euangile Et que nous sommes
pres d'y retourner. Il ne s'y parle ny du
celibat des prestres ny du vœu des
Moynes, du Caresme, ny des ven-
dredis. Or si l'on changeoit seulement
ce mot d'adoration de sacrement ou
d'Eucharistie, & que l'on ne parlast
plus que de l'adoration de Iesus-
Christ, que deuiendroit ceste tragi-
que dispute de trasubstantiation. Ce
n'est pas de ceste heure que les gens
de bien & de iugement souhaitet que
l'on recite simplement & que l'on s'ar-
reste religieusement, aux paroles de
nostre Seigneur, en l'Institution de

la Cene : ſcauoir eſt que nous rece-
uons mangeons & beuuons ſon vray
corps & ſon vray ſang, comme à la
veritè, pour receuoir il faut, que les
choſes ſoyent preſentes non abſentes,
Bucer dit, *Diſſidium margis eſt de modo,
præſentiæ, quàm de præſentia*, & au Colloque de Ratisbone, nos deputez vſe-
rent des mots de *vrayement & realle-
ment* Car la realité n'eſt pas des corps,
& de la maniere corporelle ſeulemét.
Autant en firent les Docteurs de Vit-
temberg, en leur formule de reconciliation de l'an 1536. touchant le different de la Cene, & Caluin aſſeure *Epi-
ſtola 177. nobis verè priſtari, quod figurāt
ſacramenta.* L'Egliſe primitiue faiſoit
bien plus ſagement de tenir cecy pour
vn myſtere, ny plus ny moins que la
pluſpart des articles de noſtre foy, leſ-
quels il faut croire ſans en recercher
les cauſes trop curieuſement, & l'ap-

pelloyent *Horrendum mysterium*. Il y a des choses propres pour leschole, d'autres pour les sermons. Car le peuple n'est pas capable de tout. Icyne se parle que du liure des prieres publiques de l'eglise, que les gens appellent liturgie , & les derniers latins *Missale*, afin qu'attendant vne reformation entiere, par le moyen d'vn bon & saint Cõcile national ou general, l'on oste de ce liure ce qui est de plus fascheux, & par ce moyen nous trouuerons en mesmes lieux,pour prierDieu, nous venions à nous r'appriuoyser les vns les autres. Si vous dictes qu'il en faut bien oster d'autres. *Ie* scay que l'on peut rendre ce proces immortel, & infiny , si on veut, mais si est-ce pecher contre la charité. C'est faire tout au rebours de nostre Seigneur & des Apostres, qui ont plus edifié par douceur que par rigueur,par patience que par precipitation. Les proteſtans en la côfeſſion d'*Ausbourg* dreſſée, & puis ſouſtenue par Melanthon, reduiſent les abus dont ou ſe plaint, & qui nous ſeparent à ſept articles ſeulement, *Cætera per cenſere, neque valde opus eſt neque vllus eſſet nudus.* Ce dit Caluin en ſemblable ſubiet epiſtol. 395. & en vn autre lieu. *Deffectus multos tolerandos iudicio vbi errendari non poſſunt,* Caluin epiſt. 379. quoy qu'il fuſt ennemy capital des abus de l'egliſe Romaine, ſi tranche-il ce mot, que ie vous ſupplie de peſer. *Nec verò ſi papiſtæ, puram orandi formam conciperent : mihi religio eſſet templum cum ipſis ingredi* Caluin epiſt. 265. & cecy conformément à vn aduis qu'il donna à vn homme d'honneur en France: qui ne pouuoit encore ſe retirer, mais la lettre en eſt eſgarée, comme vous ſcauez. Melanthon & ſes compagnons, au Colloque de Ra-

tisbonne, font à peu pres de ceſt aduis:
apres qu'on leur eut accordé qu'il n'y
auroit pour tout le peuple qu'vne meſ
ſe generale qu'ils appellent publique
& *Eccleſiaſtique.* Cecy nous eſtant
accordé diſent ils, & pareillemét qu'il
fuſt loiſible a quiconque voudroit,
d'abandonner les Meſſes priuées, *il n'y*
auroit point de debat, encore que tous ne
changeaſſent ſi ſoudain leur couſtume , &
en l'article ſuiuant ils adiouſtent ces
paroles. *Par ce moyen il n'y auroit point*
de diſcord public en l'exercice exterieur, &
ſeruice de l'Egliſe. Car nous n'accuſons pas
ceux qui ne ſont encore ſuffiſammment in-
ſtruits. Qui eſt pour reſpondre à ceux
qui ſe ſont ſi toſt eſcarmouchez, pour
ces mots de deuotion particuliere.
Ioint que l'opinion priuée des parti-
culiers, ne me gardera iamais de com-
munier & prier auec eux en public.
Le ſubiet du ſcandale eſt en la deuo-

tion publique commandée. *Et* m'est
aduis que ceste cause ne peut preiu-
dicier, à ceux qui desia sont instruits
comment il faut prier Dieu. *Et* quant
à l'hôneur des *Saincts*, i'enten qu'aucuns aussi s'en sont formalizés : comme s'ils n'en meritoyét du tout point.
Aduisez ie vous prie en quelle extre-
mité nous sommes tombez, & toutesfois Bucer en sa censure des Ceremonies de l'*Eglise d'Angleterre*, fut
d'aduis de retenir toutes les Festes de
nostre *Seigneur* & de la *Vierge Marie*,
des *Apostres*, & de quelques Martyrs:
& son aduis y a esté suiuy. *Et* luy-mes-
me en vn autre endroit, *Agnoscimus
deniq;, dit-il, & docemus sanctos in sum-
mo habende pretio, id autem à nobis fieri,
quòd dignos illos putamus, quorum fidem
totis viribus imitemur: & in quibus Deum
indefinéter prædicemus. Bucerus ad Abrin-
censem*. Melanthon en son Apologie,

pour la confeſſion d'Ausbourg. *Con-*
feſſio noſtra probat honores ſãctorum, Hîc
triplex honos probandus eſt. Caluin en
ſon traicte de reformer l'egliſe & en
ſes Epiſtres. *Nullum ergo ſanctis, ſuum*
honorem præripimus : ſed qui temere ac
perperam hominum errore, illis fuerat at-
tributus. Et en ſes epiſtres (128.129.278.
379.) il monſtre aſſez que d'auoir oſté
toutes les feſtes , meſmes à Geneue,
cela ne luy auoit pleu , & que ce n'a-
uoit eſté de ſon authorité. C'eſt choſe
dont vous deuez auoir ſouuenance, &
dont toutesfois ie n'euſſe parlé ſans la
beſtiſe, ou la malice de ceux qui ne
peuuent ſouffrir que l'on face men-
tion de ſaincts, ny de feſtes. I'ay remar-
qué dans les eſcrits de Caluin, de Bucer
& de nos premiers reformateurs aſſez
d'autres traits , pour nous faire iuger
qu'ils n'eſtoyent pas ſi eſloignez d'accord & de raiſon. Ie vous en feray part

quand vous voudrez. Mais pour reuenir à l'examen du petit Aduis, aucuns
se sont estomaquez à ce nom *d'Euef-
que du premier siege* : ores que l'Eglise
ancienne ait deferé au Pape cet honneur, & que les Princes & Estats de
l'Eglise, & particulierement de la Gallicane le luy aient continué en l'espace de plusieurs siecles. (*Iustin.l.inter cla-
ras, C. de Sum. Trinit. Concil.Carthag.
c.39. Paul. Diac. Capit. Caroli. M.*)
Caluin en son epistre 190. parlant de
la Hierarchie de l'Eglise : *Vetus quidem
Ecclesia (dir-il) Patriarchas instituit, &
singulis etiam prouinciis quosdã attribuit
Primatus, vt hoc concordiæ vinculo me-
lius inter se deuincti manerent Episcopi.*
Les deputez au Colloque de Ratisbone sont d'auis, que telle diuersité de
degrez, est vtile a conseruer l'vnité de
l'Eglise, si ceux qui sont en telle pree-
minence font leur deuoir. *Ie laisse à*

Sarauia de discourir sur ce subiet, me
r'apportant à ce qui en sera resolu cy
apres en l'assemblee generale de l'E-
glise Gallicane. Aussi est-ce vn fait qui
regarde le general, mesme puis que le
Pape n'a ceste authorité d'*Euesque* du
premier siege, que par concession des
Princes & de droit humain & positif,
comme les plus doctes Catholiques:
l'ôt recognu: afin que la regle du droit
commun ait lieu, *Quò quidq; iure sta-*
tutum est, eodem iure tolli. Et ce pendât,
Monsieur, est-ce approuuer son auctorité que l'appeller, comme on l'ap-
pelle ordinairement? Vous-mesmes
en prou de lieux le nommez Euesque
de Rome, & toutesfois au 7 point de
vostre côfession, vous soustenez qu'il
est l'Antechrist; & qu'il n'y a plus de
Pasteurs en la Papauté. Au pis aller, il
est permis à chacun d'vser d'homoni-
mie. Encor est-ce bien loing de ces

tiltres d'Euesque vniuersel, de Vi-
caire de Dieu en terre , que d'autres luy donnent si liberalement. Et à
la mienne volonté,qu'il voulust bien
faire sa charge d'Euesque du premier
siege, & nous ayder à remettre la paix
en l'Eglise Gallicane:il auroit de moy
tel honneur qu'il voudroit. Voila ce
me semble tout ce qu'on à trouué à
redire en cest aduis: auquel, &c. me
recommandant &c. De Paris ce premier iour d'Aoust, 1596.

Vostre &c. V. H.

Voyla, Messieurs,la coppie de ceste lettre
escrite à T.de Beze. l'autheur est vn person-
nage de qualité & homme honorable, quãt
à moy, ie ne vous ay representé ce que des-
sus,sinon pour le desir que i'ay,de vous voir
tous bien reunis,auec nous au giron de no-
stre mere saincte Eglise.Sur la response que

vos gens y voudront faire, ie vous en diray mon opinion selon le merite de leurs al-
legations : mais ie sai fort bien, que ledict
de Beze, en vne siene letre escriuant à vne
Dame tresillustre aduoue en quelque sorte
l'abbatement des Temples & des images,
referant cela à vn iugement de Dieu: combien qu'en la mesme lettre, il se dissimule tãt
qu'il peut disant, qu'il ne peut approuuer
tels actes. Iugez que c'est adire d'attribuer
au iugement de Dieu, ce qu'il ne peut approuuer. Il parle la aussi de la violence cõ-
mise, par les soldats, (dont il dit là Nous
auons tant de bons soldats bié armez)
à l'endroit des sepultures. de laquelle violence se deuroient resouuenir, ceux qui vous
iettent la pouldre aux yeux par des queri-
monies de ce qu'ils ne sont admis, à la communion des morts en leurs sepulchres & ci-
metieres dont ils ont detesté & detestent, la
religion qu'ils ont obseruee estans en vie.
Si vons pensez bien, à vn tel regret, qu'ils

vous impriment pour vos morts, apprehen-
dez vn peu, quel deuil c'est au prix: de n'a-
uoir pas esté de la communion des saints
qui est l'Eglise. Demãdez leur la raison, ils
diront, que c'est pour ce qu'ils sont chrestiẽs.
Et nonostant ils debatent que ceux qui sõt
la enterrez, n'estoien pas chrestiens. Et sont
au iourd'huy aucuns si insolẽs: de dire qu'il
n'y à plus d'Eglise entre nous. Mais il vaut
mieux se tenir en paix & en repos, que d'a-
giter ce propos d'auantage: laissant à Messieurs les Magistrats, d'en ordõner, ce qu'ils
verront estre bon à faire, selon Dieu, raison
& iustice, ensuiuant les edits du Roy, à
qui Dieu par sa saincte grace, vueille dõ-
ner le regne tout paisible, auec la reünõ, de
tous ses suiets, en la foy Catholique par
tous ses Royaumes & souueraineteZ: en
tout heur & felicité. Ainsi soit il.

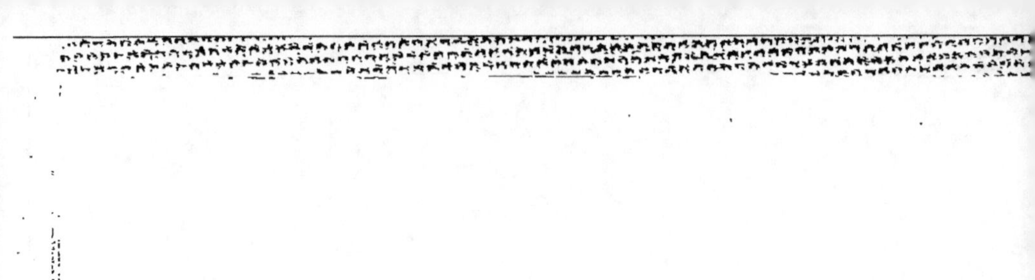